Impressum
Verlag: BABADADA GmbH, Nedderfeld 112 , 22529 Hamburg
Geschäftsführer / Verlagsleitung: Harald Hof
Druck: Books on Demand GmbH, In de Tarpen 42, 22848 Norderstedt

Imprint
Publisher: BABADADA GmbH, Nedderfeld 112 , 22529 Hamburg, Germany
Managing Director / Publishing direction: Harald Hof
Print: Books on Demand GmbH, In de Tarpen 42, 22848 Norderstedt

colegio

la escuela

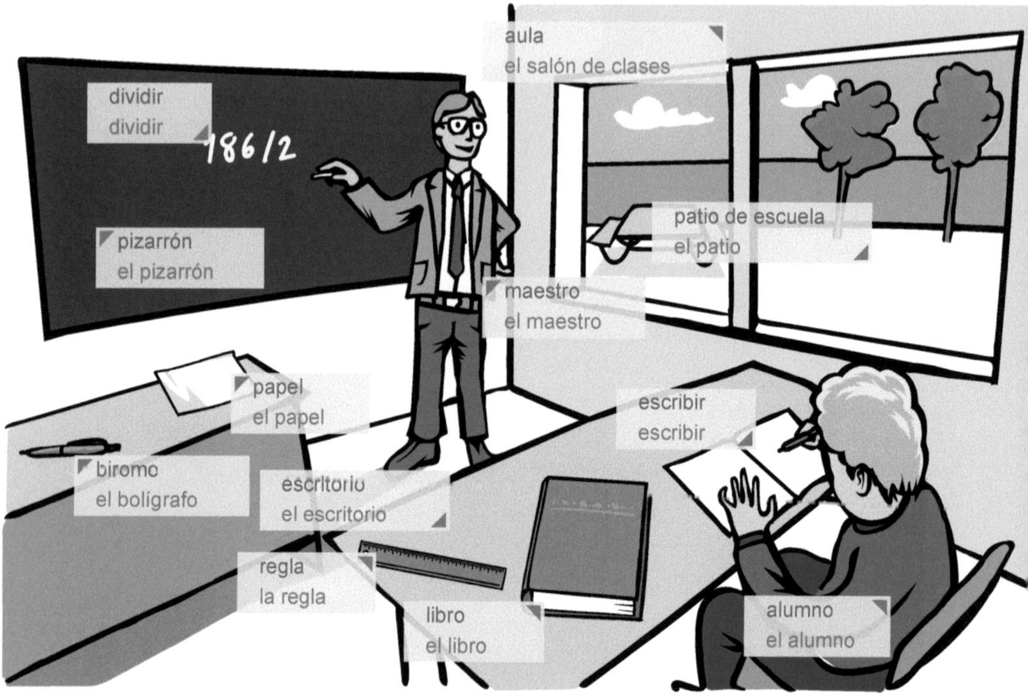

aula
el salón de clases
dividir
dividir
186/2
pizarrón
el pizarrón
patio de escuela
el patio
maestro
el maestro
papel
el papel
escribir
escribir
biromo
el bolígrafo
escritorio
el escritorio
regla
la regla
libro
el libro
alumno
el alumno

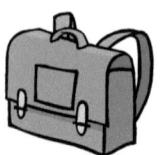

mochila

la mochila

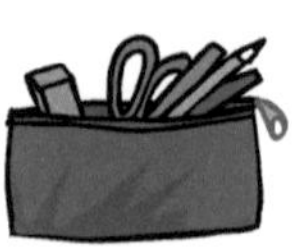

caja de lápices

la caja de lápices

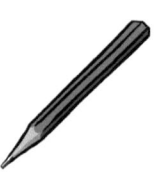

lápiz

el lápiz

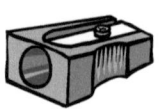

sacapuntas

el sacapuntas

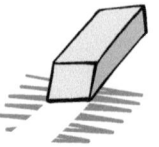

goma (de borrar)

la goma de borrar

bloc de dibujo

el bloc de dibujo

dibujo

el dibujo

pincel

el pincel

caja de pinturas

la caja de lápices de color

tijera

las tijeras

pegamento

el pegamento

cuaderno de ejercicios

el libro de ejercicios

tarea

la tarea

número

el número

2+2

sumar

sumar

restar

restar

multiplicar

multiplicar

calcular

calcular

letra

la letra

ABCDEFG
HIJKLMN
OPQRSTU
VWXYZ

abecedario

el alfabeto

palabra

la palabra

texto

el texto

leer

leer

tiza

la tiza

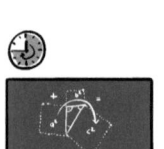

lección

la lección

cuaderno de clase

el cuaderno de clase

examen

el examen

certificado

el certificado

uniforme escolar

el uniforme

educación

la educación

enciclopedia

la enciclopedia

universidad

la universidad

microscopio

el microscopio

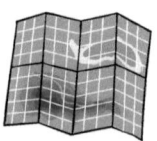

mapa

el mapa

tacho (de basura)

el bote de basura

viaje
el viaje

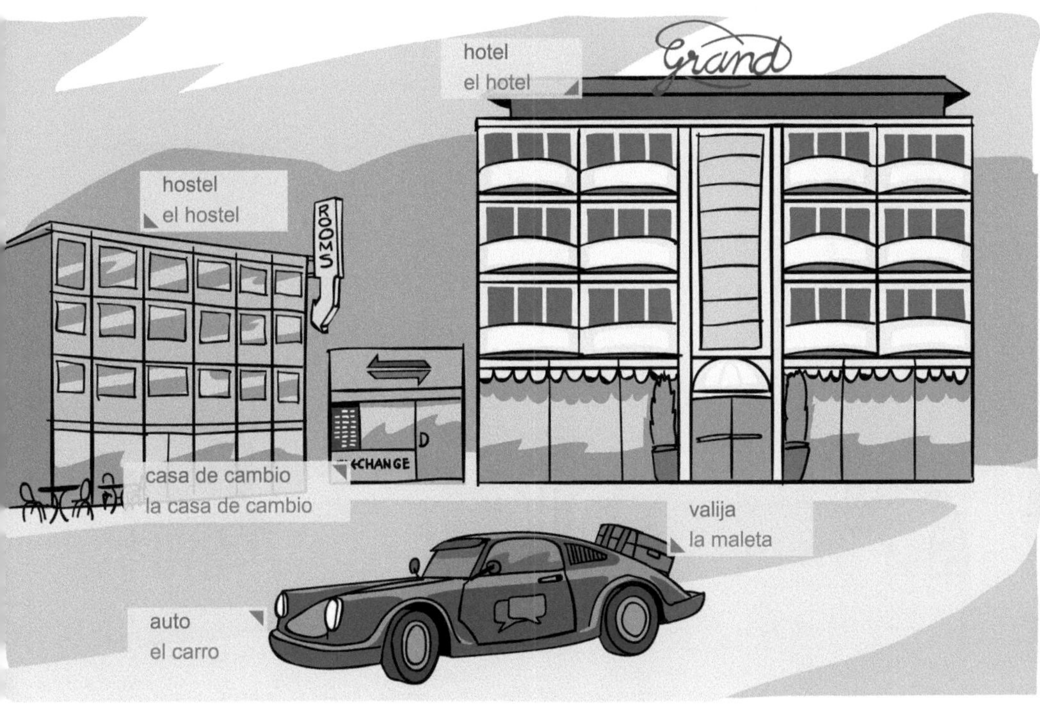
hotel
el hotel
Grand
hostel
el hostel
ROOMS
casa de cambio
la casa de cambio
EXCHANGE
valija
la maleta
auto
el carro

idioma

el idioma

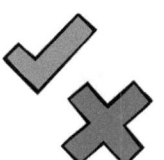

sí / no

sí / no

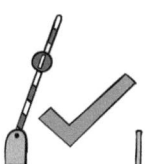

Está bien

Órale

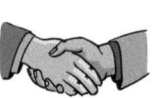

hola

hola

traductor

el traductor

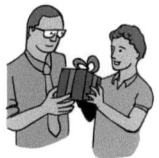

Gracias

Gracias

¿cuánto cuesta…?

¿cuánto cuesta…?

No entiendo

No entiendo

problema

el problema

¡Buenas tardes!

¡Buenas tardes!

¡Buenos días!

¡Buenos días!

¡Buenas noches!

¡Buenas noches!

adiós

adiós

dirección

la dirección

equipaje

el equipaje

bolso

la bolsa

mochila

la mochila

invitado

el invitado

habitación

la recámara

bolsa de dormir

la bolsa de dormir

carpa

la tienda de campaña

información turística

la información turística

playa

la playa

tarjeta de crédito

la tarjeta de crédito

desayuno

el desayuno

almuerzo

el almuerzo

cena

la cena

pasaje

el billete

ascensor

el ascensor

sello

el sello

frontera

la frontera

aduana

la aduana

embajada

la embajada

visa

la visa

pasaporte

el pasaporte

transporte
el transporte

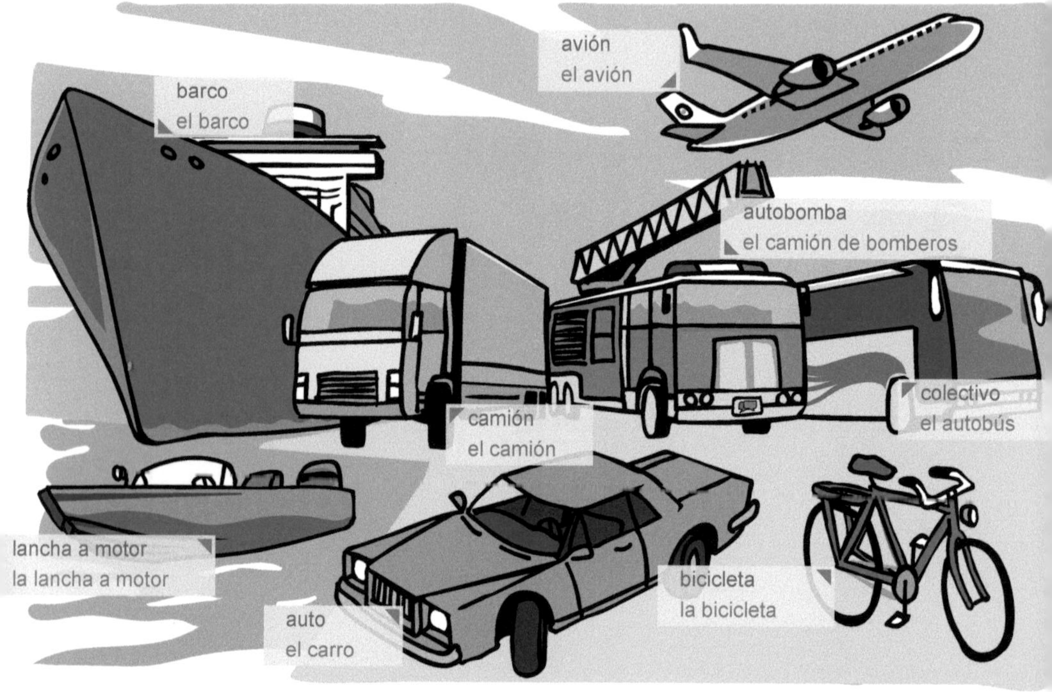

avión
el avión
barco
el barco
autobomba
el camión de bomberos
colectivo
el autobús
camión
el camión
lancha a motor
la lancha a motor
bicicleta
la bicicleta
auto
el carro

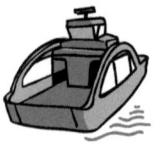

ferry

el ferry

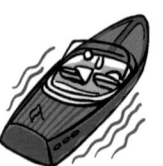

bote

el bote

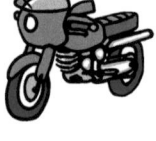

moto

la motocicleta

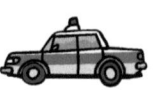

patrullero

la patrulla

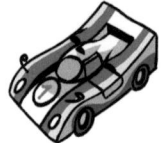

auto de carreras

el coche de carreras

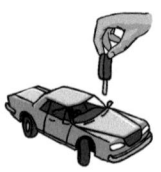

auto de alquiler

el auto para rentar

alquiler de autos

la renta de autos

grúa

la grúa

camión de basura

el camión recolector de basura

motor

el motor

nafta

la gasolina

estación de servicio

la gasolinera

señal de tránsito

la señal de tráfico

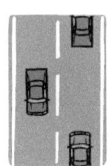

tránsito

el tránsito

embotellamiento

el embotellamiento

estacionamiento

el aparcamiento

estación de tren

la estación de tren

vías

las vías

tren

el tren

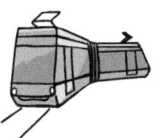

tranvía

el tranvía

vagón

el vagón

helicóptero

el helicóptero

aeropuerto

el aeropuerto

torre

la torre

pasajero

el pasajero

contenedor

el contenedor

caja de cartón

la caja de cartón

carretilla

la carretilla

canasta

la cesta

despegar / aterrizar

despegar / aterrizar

ciudad

la ciudad

pueblo

el pueblo

centro de ciudad

el centro de la ciudad

casa

la casa

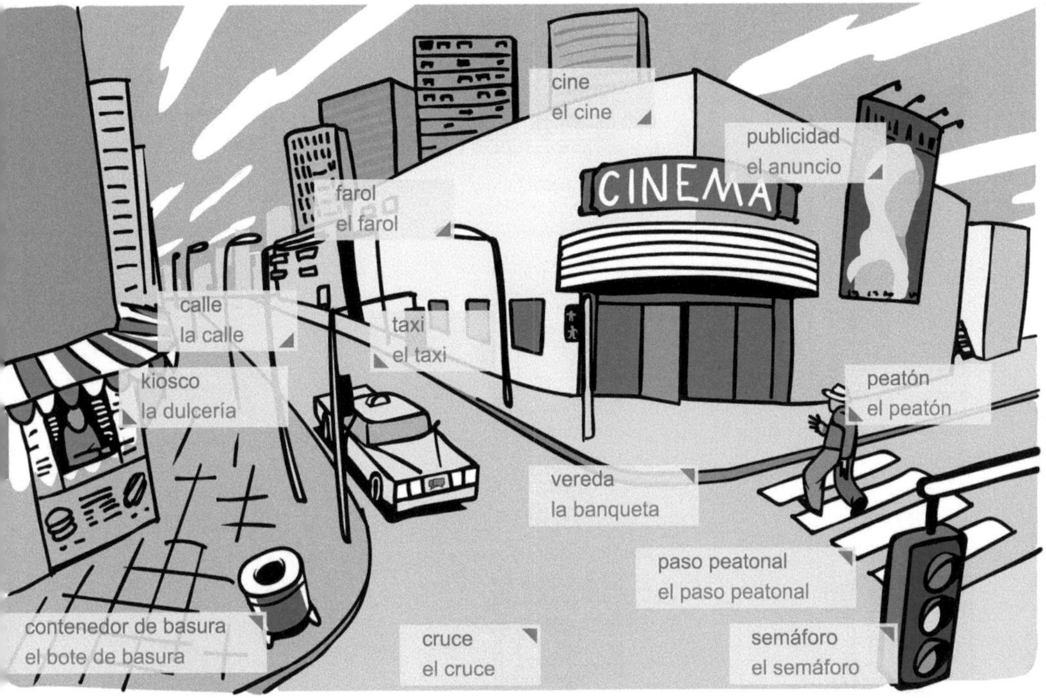

cine
el cine

publicidad
el anuncio

farol
el farol

CINEMA

calle
la calle

taxi
el taxi

kiosco
la dulcería

peatón
el peatón

vereda
la banqueta

paso peatonal
el paso peatonal

contenedor de basura
el bote de basura

cruce
el cruce

semáforo
el semáforo

cabaña
la cabaña

departamento
el apartamento

estación de tren
la estación de tren

municipalidad
el ayuntamiento

museo
el museo

colegio
la escuela

universidad

la universidad

banco

el banco

hospital

el hospital

hotel

el hotel

farmacia

la farmacia

oficina

la oficina

librería

la librería

negocio

la tienda

florería

la florería

supermercado

el supermercado

mercado

el mercado

grandes tiendas

las grandes tiendas

pescadería

la pescadería

centro comercial

el centro comercial

puerto

el puerto

parque

el parque

banco

el banco

puente

el puente

escaleras

las escaleras

subte

el metro

túnel

el túnel

parada del colectivo

la parada de autobús

bar

el bar

restaurante

el restaurante

buzón

el buzón

letrero

el letrero

parquímetro

el parquímetro

zoológico

el zoológico

pileta

la alberca

mezquita

la mezquita

granja
la granja

contaminación
la contaminación

cementerio
el cementerio

iglesia
la iglesia

juegos infantiles
el área de niños

templo
el templo

paisaje
el paisaje

hoja
la hoja

poste indicador
la señal

camino
el camino

pradera
la pradera

piedra
la piedra

árbol
el árbol

excursionista
el caminante

río
el río

hierba
el pasto

flor
la flor

valle

el valle

montaña

la montaña

lago

el lago

bosque

el bosque

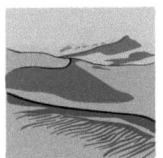

desierto

el desierto

volcán

el volcán

castillo

el castillo

arco iris

el arco iris

champiñón

el champiñón

palmera

la palmera

mosquito

el mosquito

mosca

la mosca

hormiga

la hormiga

abeja

la abeja

araña

la araña

escarabajo

el escarabajo

rana

la rana

ardilla

la ardilla

erizo

el erizo

liebre

la liebre

lechuza

la lechuza

pájaro

el pájaro

cisne

el cisne

jabalí

el jabalí

ciervo

el ciervo

alce

el alce

presa

el embalse

aerogenerador

la turbina eólica

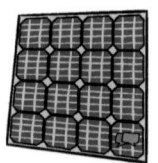

panel solar

el panel solar

clima

el clima

restaurante
el restaurante

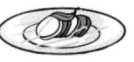

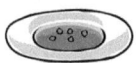

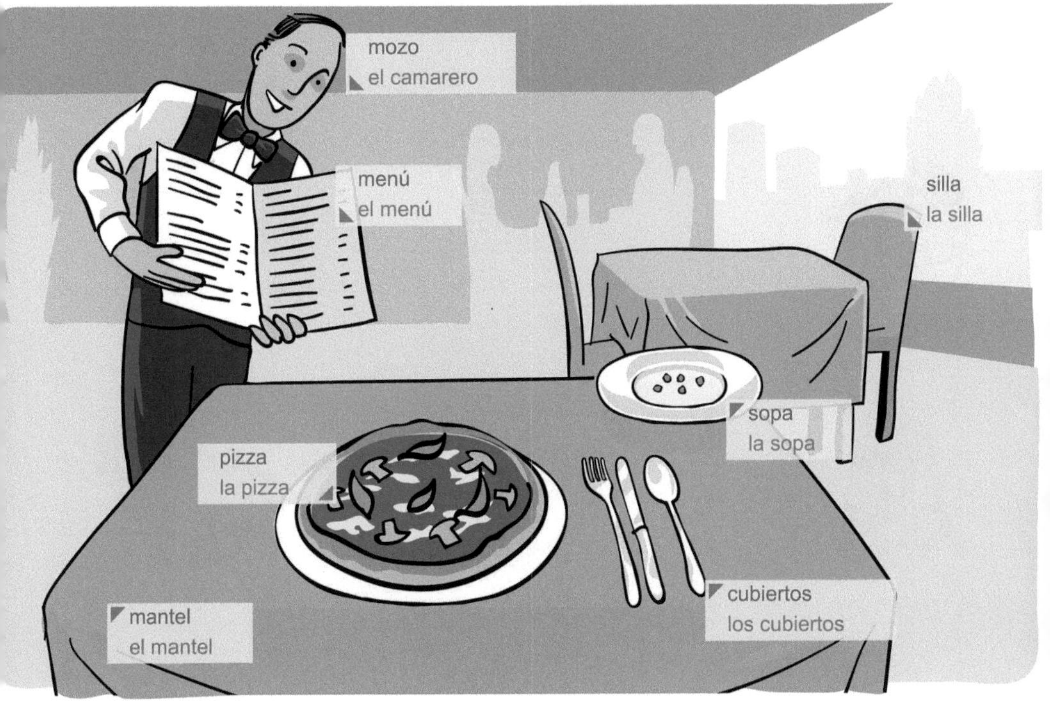
mozo
el camarero
menú
el menú
silla
la silla
sopa
la sopa
pizza
la pizza
cubiertos
los cubiertos
mantel
el mantel

entrada

la entrada

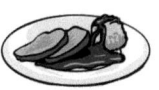

plato principal

el plato fuerte

postre

el postre

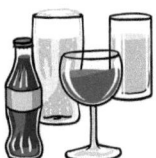

bebidas

las bebidas

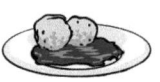

comida

la comida

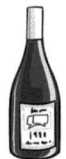

botella

la botella

comida rápida
la comida rápida

comida callejera
la comida de la calle

tetera
la tetera

azucarera
la azucarera

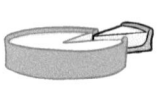

porción
la porción

cafetera expreso
la cafetera espresso

sillita alta
la periquera

cuenta
la cuenta

bandeja
la charola

cuchillo
el cuchillo

tenedor
el tenedor

cuchara
la cuchara

cucharita
la cuchara de té

servilleta
la servilleta

vaso
el vaso

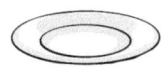

plato
......
el plato

plato hondo
......
el plato hondo

plato
......
el plato

salsa
......
la salsa

salero
......
el salero

molinillo de pimienta
......
el molino para pimienta

vinagre
......
el vinagre

aceite
......
el aceite

especias
......
las especias

kétchup
......
el kétchup

mostaza
......
la mostaza

mayonesa
......
la mayonesa

supermercado

el supermercado

oferta especial
la oferta especial
FOR
cliente
el cliente
lácteos
los productos lácteos
fruta
la fruta
changuito
el carrito para compras

BUTCHERS

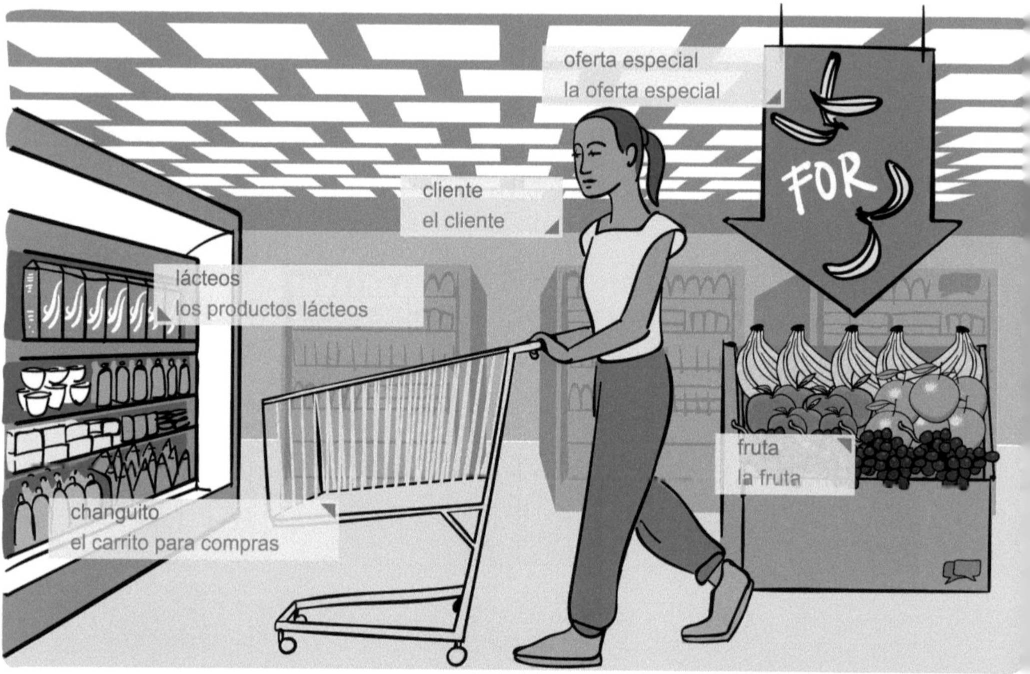

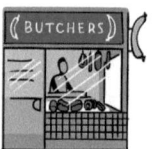

carnicería

la carnicería

BAKERY

panadería

la panadería

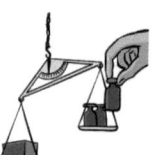

pesar

pesar

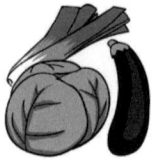

verduras

los vegetales

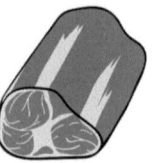

carne

la carne

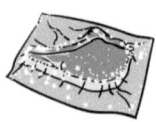

alimentos congelados

los alimentos congelados

fiambres

las carnes frías

alimentos enlatados

los alimentos enlatados

detergente en polvo

el detergente en polvo

golosinas

los dulces

electrodomésticos

los electrodomésticos

productos de limpieza

productos de limpieza

vendedora

la vendedora

caja

la caja

cajero

el cajero

lista de compras

la lista de compras

horario de atención

el horario de atención al público

billetera

la cartera

tarjeta de crédito

la tarjeta de crédito

cartera

la bolsa

bolsa de plástico

la bolsa de plástico

agua

el agua

jugo

el jugo

leche

la leche

bebida cola

el refresco de cola

vino

el vino

cerveza

la cerveza

alcohol

el alcohol

cacao

el cacao

té

el té

café

el café

café expreso

el espresso

cappuccino

el cappuccino

banana
....
el plátano

manzana
....
la manzana

naranja
....
la naranja

melón
....
el melón

limón
....
el limón

zanahoria
....
la zanahoria

ajo
....
el ajo

bambú
....
el bambú

cebolla
....
la cebolla

champiñón
....
el champiñón

nueces
....
las nueces

fideos
....
los fideos

tallarines

los espaguetis

arroz

el arroz

ensalada

la ensalada

papas fritas

las patatas fritas

papas fritas

las patatas fritas

pizza

la pizza

hamburguesa

la hamburguesa

sándwich

el emparedado

churrasco

el filete

jamón

el jamón

salame

el salami

salchicha

la salchicha

pollo

el pollo

asado

el asado

pescado

el pescado

comida - la comida

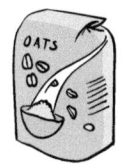

copos de avena

los copos de avena

muesli

el muesli

copos de maíz

los copos de maíz

harina

la harina

medialuna

el cuernito

pancito

el bolillo

pan

el pan

tostada

la tostada

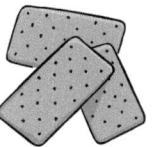

galletitas

las galletas

manteca

la mantequilla

cuajada

la cuajada

torta

el pastel

huevo

el huevo

huevo frito

el huevo frito

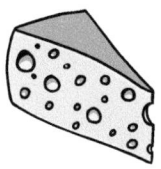

queso

el queso

helado

el helado

azúcar

el azúcar

miel

la miel

mermelada

la mermelada

pasta de chocolate

la crema de chocolate

curry

el curry

granja
la granja

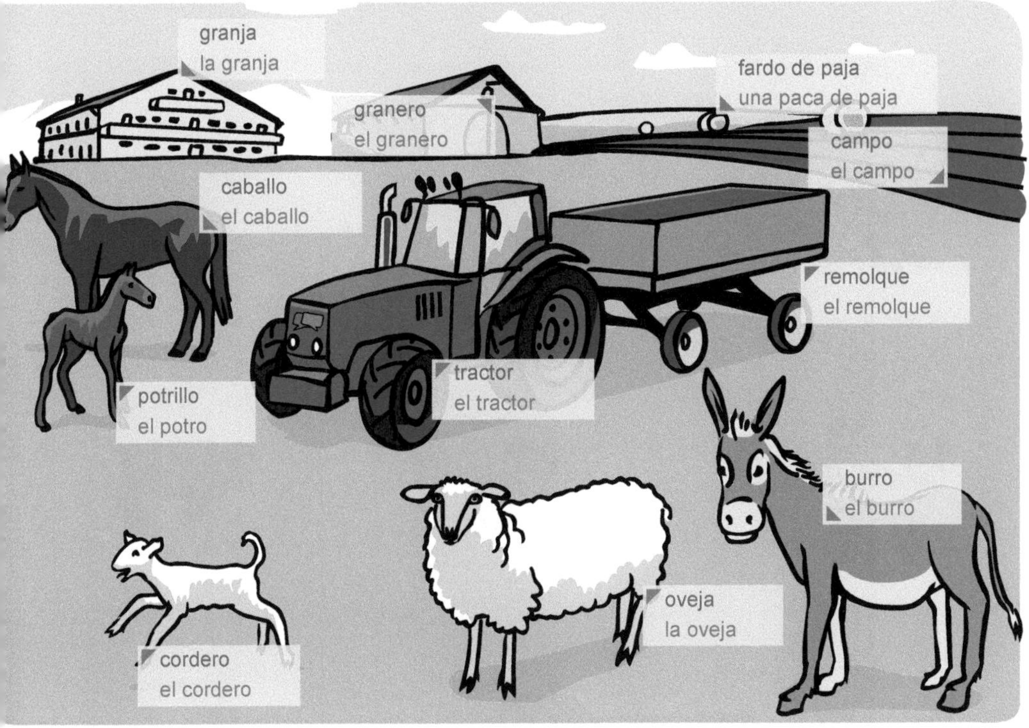

granja
la granja
granero
el granero
fardo de paja
una paca de paja
campo
el campo
caballo
el caballo
remolque
el remolque
tractor
el tractor
potrillo
el potro
burro
el burro
oveja
la oveja
cordero
el cordero

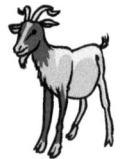

cabra

la cabra

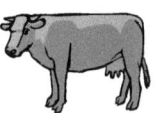

vaca

la vaca

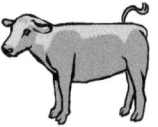

ternero

el ternero

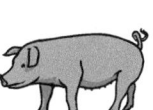

cerdo

el cerdo

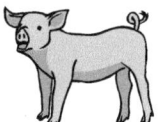

lechón

el lechón

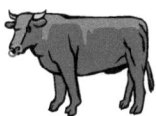

toro

el toro

ganso

el ganso

pato

el pato

pollo

el pollo

gallina

la gallina

gallo

el gallo

rata

la rata

gato

el gato

ratón

el ratón

buey

el buey

perro

el perro

cucha

la casa del perro

manguera

la manguera

regadera

la regadera

guadaña

la guadaña

arado

el arado

hoz

la hoz

azada

el azadón

horquilla

la horquilla

hacha

el hacha

carretilla

la carretilla

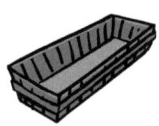

abrevadero

el bebedero

lechera

el bote de leche

bolsa

el saco

reja

la valla

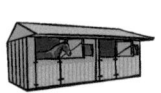

establo

el establo

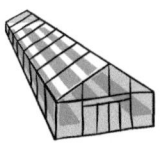

invernadero

el invernadero

suelo

el suelo

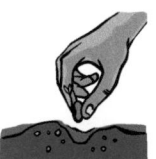

semilla

la semilla

fertilizador

el fertilizador

cosechadora

la cosechadora

cosechar

cosechar

cosecha

la cosecha

batatas

el camote

trigo

el trigo

soja

la soja

papa

la patata

maíz

el maíz

semilla de colza

la semilla de colza

árbol frutal

el árbol frutal

mandioca

la mandioca

cereales

las cereales

casa
la casa

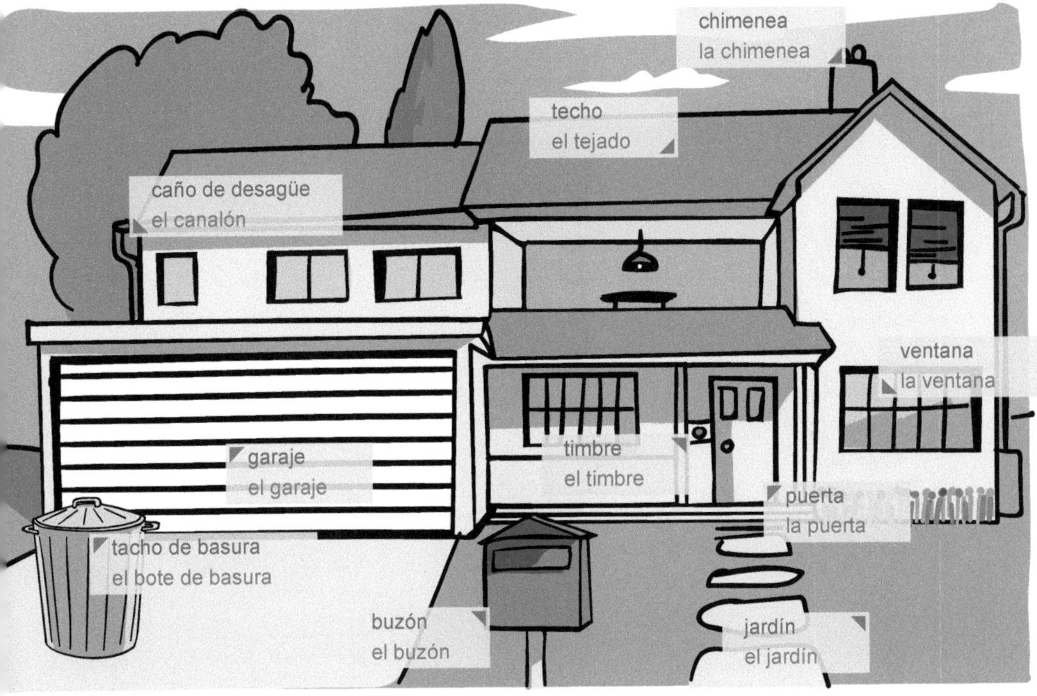
chimenea
la chimenea
techo
el tejado
caño de desagüe
el canalón
ventana
la ventana
timbre
el timbre
garaje
el garaje
puerta
la puerta
tacho de basura
el bote de basura
buzón
el buzón
jardín
el jardín

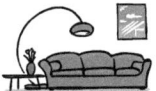

living
la estancia

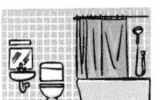

baño
el baño

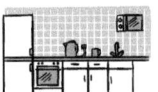

cocina
la cocina

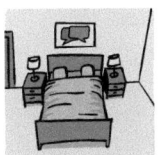

dormitorio
la recámara

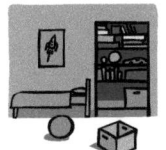

cuarto de los chicos
la recámara de los niños

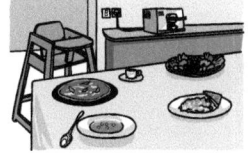

comedor
el comedor

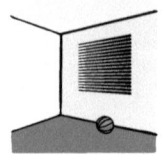

piso
....
el suelo

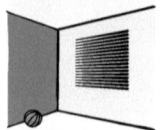

pared
....
la pared

cielorraso
....
el techo

sótano
....
el sótano

sauna
....
el sauna

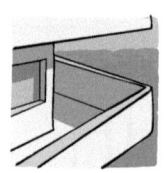

balcón
....
el balcón

terraza
....
la terraza

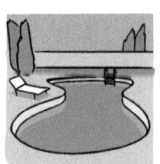

pileta
....
la alberca

cortadora de pasto
....
el cortacésped

sábana
....
la sábana

acolchado
....
la colcha

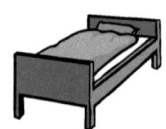

cama
....
la cama

escoba
....
la escoba

balde
....
el balde

interruptor
....
el interruptor

living
la estancia

empapelado
el papel para empapelar
imagen
la imagen
lámpara
la lámpara
estante
el estante
armario
la alacena
televisión
la televisión
chimenea
la chimenea
flor
la flor
almohadón
el cojín
sofá
el sofá
florero
el florero
control remoto
el control remoto

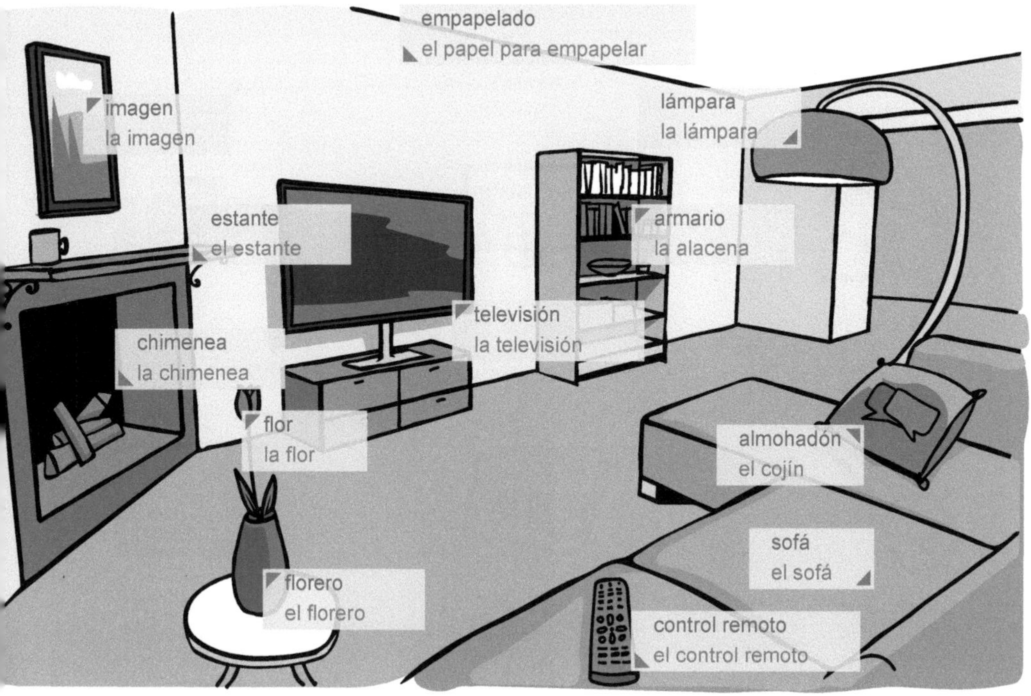

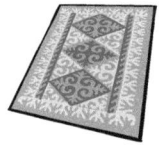

alfombra

la alfombra

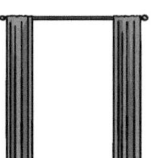

cortina

la cortina

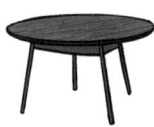

mesa

la mesa

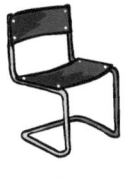

silla

la silla

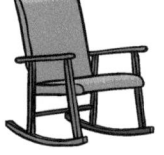

mecedora

la mecedora

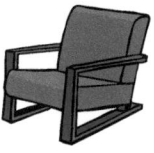

sillón

el sillón

libro

el libro

frazada

la frazada

decoración

la decoración

leña

la leña

película

la película

equipo de música

el equipo de música

llave

la llave

diario

el periódico

pintura

la pintura

póster

el póster

radio

la radio

cuaderno

el cuaderno

aspiradora

la aspiradora

cactus

el cactus

vela

la vela

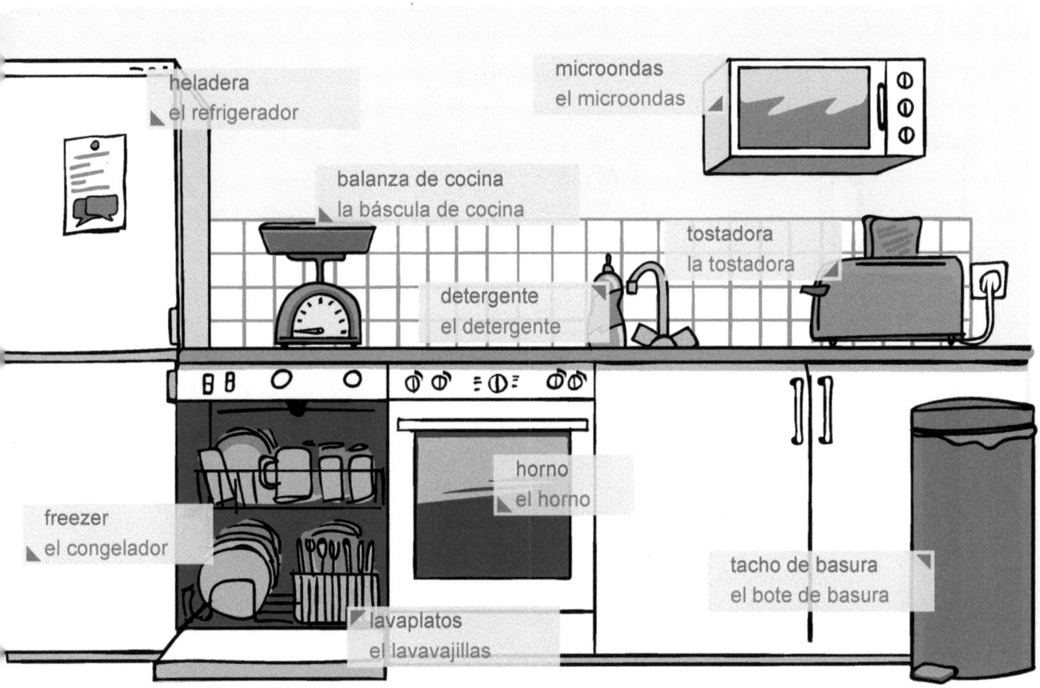

heladera
el refrigerador

microondas
el microondas

balanza de cocina
la báscula de cocina

tostadora
la tostadora

detergente
el detergente

horno
el horno

freezer
el congelador

tacho de basura
el bote de basura

lavaplatos
el lavavajillas

cocina
....
la olla a presión

olla
....
la olla

olla de hierro fundido
....
la olla de hierro fundido

wok
....
el wok

sartén
....
la sartén

pava
....
el hervidor

vaporera

la vaporera

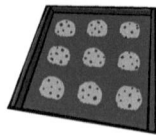

bandeja de horno

la charola de horno

vajilla

la loza

taza

la taza

bol

el bol

palitos

los palillos

cucharón

el cucharón

estpátula

la espátula

batidora

la batidora

colador

el colador

colador

el colador

rallador

el rallador

mortero

el mortero

parrilla

la barbacoa

fogata

la fogata

tabla de picar

la tabla para picar

palo de amasar

el rodillo para amasar

sacacorchos

el sacacorchos

lata

la lata

abrelatas

el abrelatas

manopla

el guante de cocina

pileta

el fregadero

cepillo

el cepillo

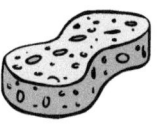

esponja

la esponja

batidora

la batidora

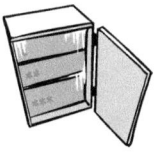

congelador

el congelador

mamadera

el biberón

canilla

la llave

baño

el baño

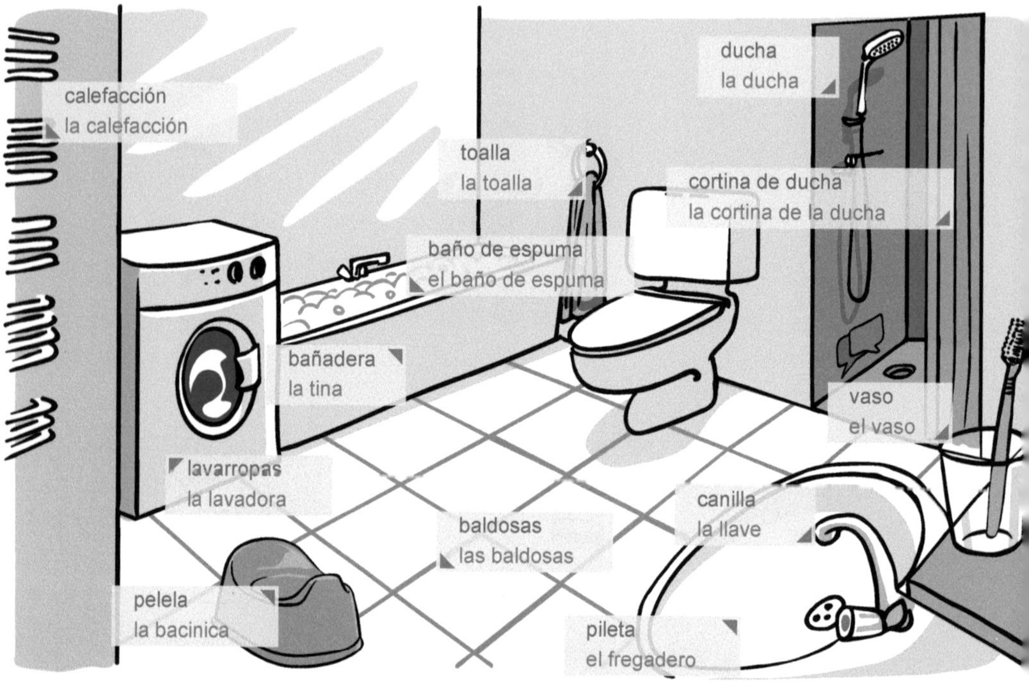

calefacción
la calefacción
toalla
la toalla
ducha
la ducha
cortina de ducha
la cortina de la ducha
baño de espuma
el baño de espuma
bañadera
la tina
lavarropas
la lavadora
baldosas
las baldosas
canilla
la llave
vaso
el vaso
pelela
la bacinica
pileta
el fregadero

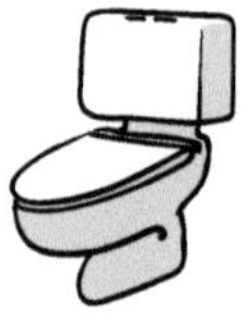

inodoro

el inodoro

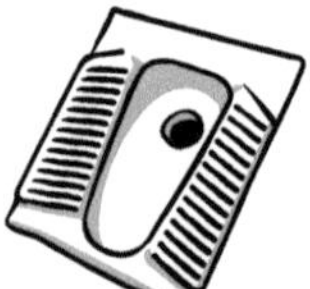

letrina

la letrina

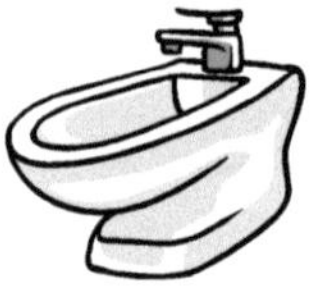

bidé

el bidé

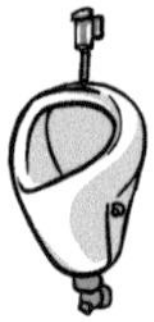

mingitorio

el mingitorio

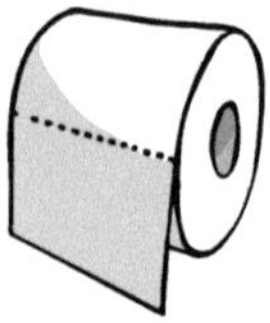

papel higiénico

el papel higiénico

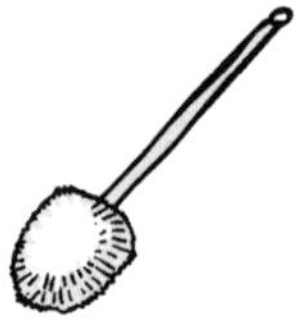

cepillo para el inodoro

el cepillo para baño

cepillo de dientes

el cepillo de dientes

dentífrico

la pasta dental

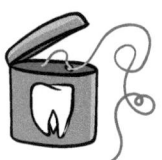

hilo dental

el hilo dental

lavar

lavar

ducha de mano

la ducha de mano

ducha higiénica

la ducha vaginal

palangana

el fregadero

cepillo para espalda

el cepillo de espalda

jabón

el jabón

gel de ducha

el gel de ducha

shampoo

el champú

toallita

la toallita

desagüe

el drenaje

crema

la crema

desodorante

el desodorante

espejo

el espejo

espejito

el espejo de tocador

maquinita de afeitar

la máquina para afeitar

espuma de afeitar

la espuma de afeitar

aftershave

la loción para después de afeitar

peine

el peine

cepillo

el cepillo

secador de pelo

la secadora

spray

la laca

maquillaje

el maquillaje

lápiz de labios

el lápiz labial

esmalte para uñas

el esmalte para uñas

algodón

el algodón

tijera para uñas

las tijeras para uñas

perfume

el perfume

portacosméticos

el estuche para cosméticos

banqueta

el taburete

balanza

la báscula

bata

la bata

guantes de goma

los guantes de goma

tampón

el tampón

toallita femenina

la toalla sanitaria

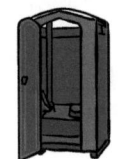

baño químico

el baño móvil

cuarto de los chicos
la recámara de los niños

despertador
el despertador
peluche
el peluche
coche de juguete
el carro de juguete
sonajero
la sonaja
casa de muñecas
la casa de muñecas
regalo
el regalo

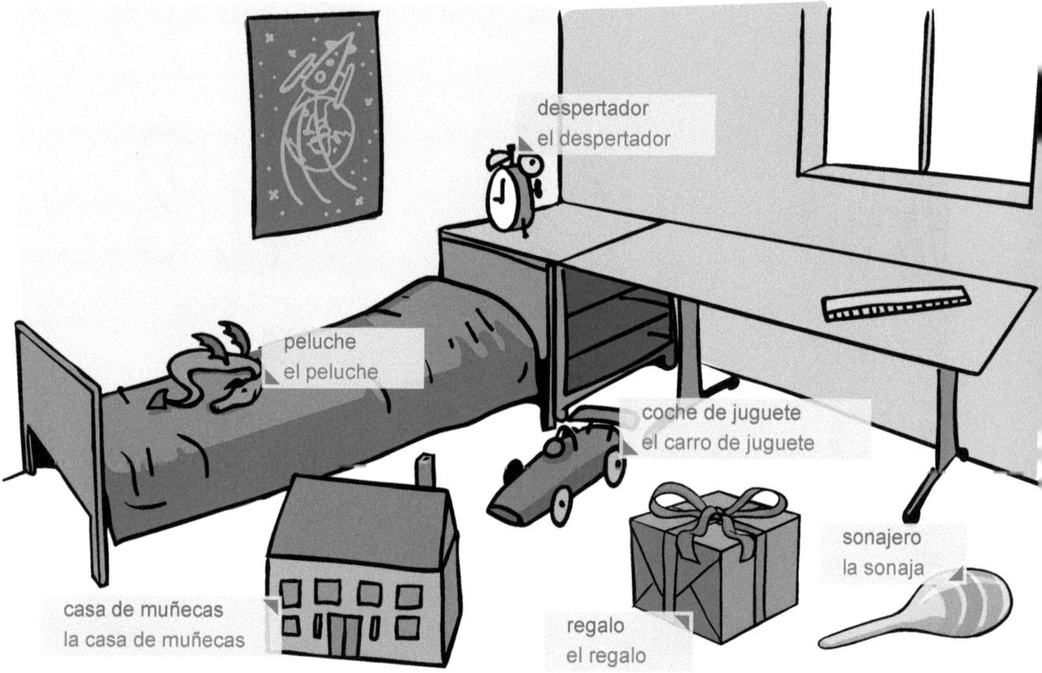

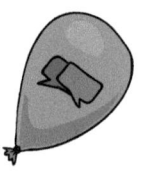

globo
el globo

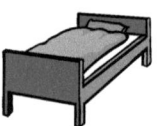

cama
la cama

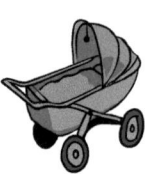

cochecito
la carriola

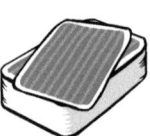

cartas
las cartas

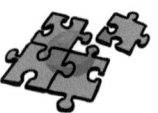

rompecabezas
el rompecabezas

SUPER MEGA

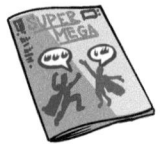

historieta
el cómic

piezas de lego

las piezas de lego

ladrillos de juguete

los bloques para jugar

figura de acción

la figura de acción

enterito (de bebé)

el mameluco

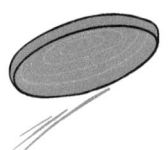

frisbee

el frisbee

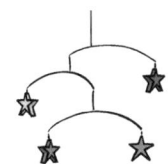

móvil para bebés

el móvil para bebés

juego de mesa

el juego de mesa

dados

los dados

tren eléctrico

el tren eléctrico

chupete

el maniquí

fiesta

la fiesta

libro de cuentos ilustrado

el álbum de fotos

pelota

el balón

muñeca

la muñeca

jugar

jugar

arenero

el arenero

hamaca

el columpio

juguetes

los juguetes

consola de videojuegos

la consola de videojuegos

triciclo

el triciclo

osito de peluche

el oso de peluche

armario

el clóset

ropa

la ropa

medias

los calcetines

medias panty

las pantimedias

calzas

las mallas

bufanda
la bufanda

paraguas
el paraguas

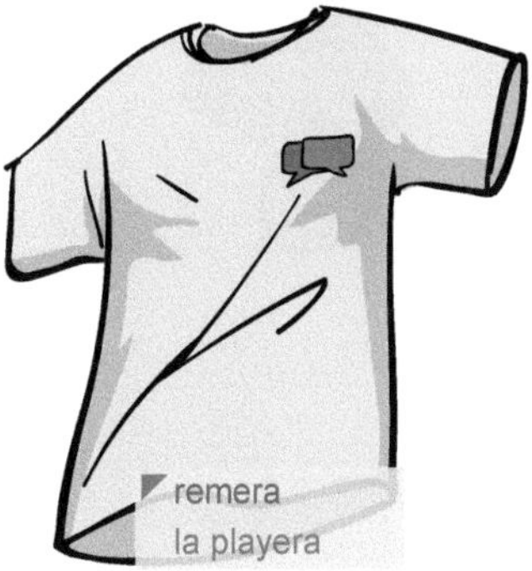

remera
la playera

cinturón
el cinto

botas
las botas

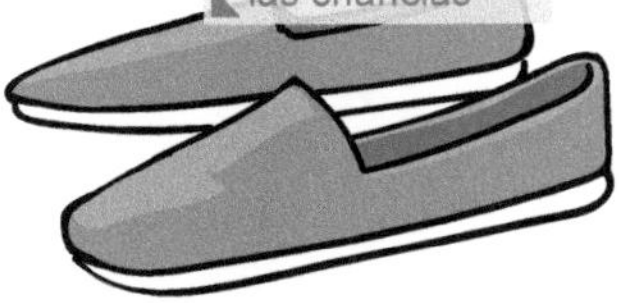

pantuflas
las chanclas

zapatillas
los tenis

sandalias
las sandalias

zapatos
los zapatos

botas de goma
las botas de goma

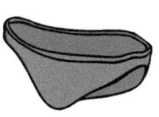

ropa interior
la ropa interior

corpiño
el brasier

chaleco
el chaleco

ropa - la ropa

body

el body

pantalones

los pantalones

jeans

los pantalones de mezclilla

pollera

la falda

blusa

la blusa

camisa

la camisa

pulóver

el suéter

buzo

la sudadera

blazer

el saco sport

campera

la chamarra

tapado

el abrigo

piloto

el impermeable

traje

el traje

vestido

el vestido

vestido de novia

el vestido de novia

traje

el traje

camisón

el camisón

pijama

el pijama

sari

el sari

pañuelo para cabeza

el pañuelo para la cabeza

turbante

el turbante

burka

la burka

caftán

el caftán

abaya

la abaya

traje de baño

el traje de baño

short de baño

el short de baño

shorts

los shorts

jogging

los pants

delantal

el delantal

guantes

los guantes

botón

el botón

anteojos

las gafas

pulsera

el brazalete

collar

el collar

anillo

el anillo

aro

el arete

gorra

la gorra

percha

el gancho

sombrero

el sombrero

corbata

la corbata

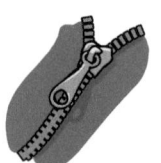

cierre

el cierre

casco

el casco

tiradores

los tirantes

uniforme escolar

el uniforme

uniforme

el uniforme

babero

el babero

chupete

el maniquí

pañal

el pañal

oficina
la oficina

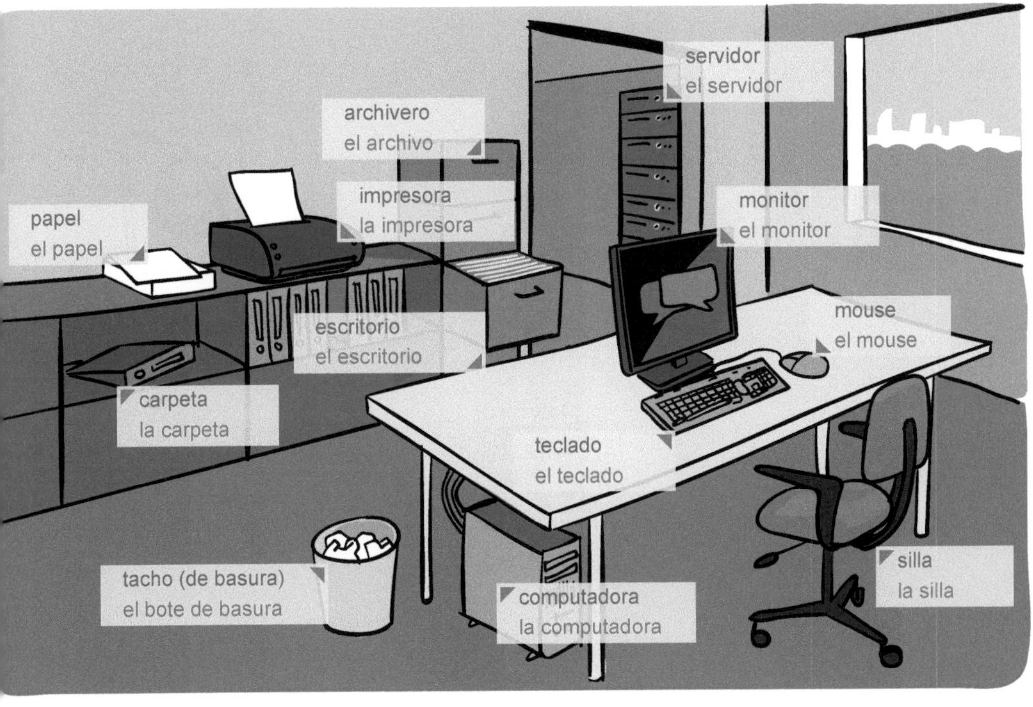

servidor
el servidor

archivero
el archivo

impresora
la impresora

papel
el papel

monitor
el monitor

mouse
el mouse

escritorio
el escritorio

carpeta
la carpeta

teclado
el teclado

silla
la silla

tacho (de basura)
el bote de basura

computadora
la computadora

taza de café

la taza de café

calculadora

la calculadora

internet

el internet

laptop
la notebook

carta
la carta

mensaje
el mensaje

celular
el móvil

red
la red

fotocopiadora
la fotocopiadora

software
el software

teléfono
el teléfono

tomacorriente
el tomacorriente

fax
el fax

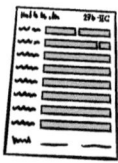

formulario
el formulario

documento
el documento

comprar
comprar

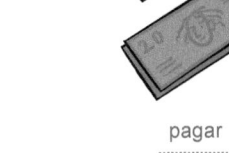

pagar
pagar

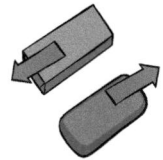

hacer negocios
hacer negocios

dinero
el dinero

dólar
el dólar

euro
el euro

yen
el yen

rublo
el rublo

franco suizo
el franco suizo

yuan
el yuan

rupia
la rupia

cajero automático
el cajero automático

casa de cambio

la casa de cambio

oro

el oro

plata

la plata

petróleo

el petróleo

energía

la energía

precio

el precio

contrato

el contrato

impuesto

el impuesto

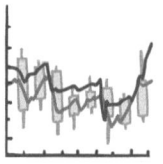

acción

la acción

trabajar

trabajar

empleado

el empleado

empleador

el empleador

fábrica

la fábrica

negocio

la tienda

economía - la economía

policía
el policía

bombero
el bombero

cocinero
el cocinero

médico
el médico

piloto
el piloto

jardinero

el jardinero

carpintero

el carpintero

modista

la costurera

juez

el juez

farmacéutico

el farmacéutico

actor

el actor

colectivero

el conductor de autobús

taxista

el taxista

pescador

el pescador

mucama

la señora de la limpieza

techista

el instalador de techos

mozo

el camarero

cazador

el cazador

pintor

el pintor

panadero

el panadero

electricista

el electricista

albañil

el obrero

ingeniero

el ingeniero

carnicero

el carnicero

plomero

el plomero

cartero

el cartero

soldado

el soldado

arquitecto

el arquitecto

cajero

el cajero

florista

el florista

peluquero

el peluquero

cobrador

el cobrador

mecánico

el mecánico

capitán

el capitán

dentista

el dentista

científico

el científico

rabino

el rabino

imán

el imán

monje

el monje

sacerdote

el sacerdote

herramientas
las herramientas

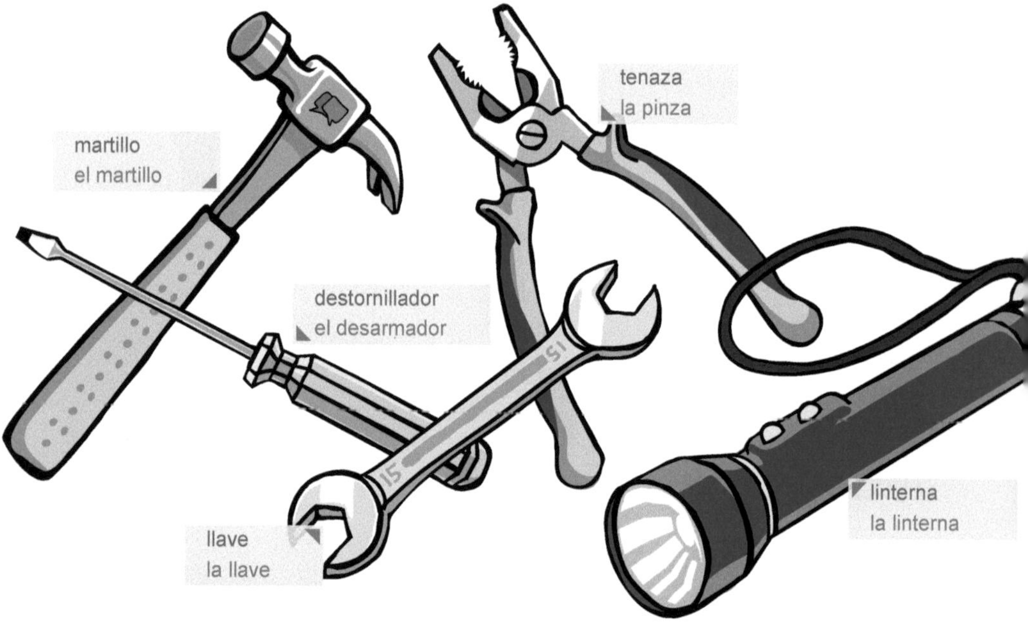
martillo
el martillo
tenaza
la pinza
destornillador
el desarmador
llave
la llave
linterna
la linterna

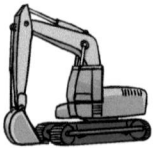

excavadora

la excavadora

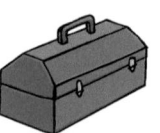

caja de herramientas

la caja de herramientas

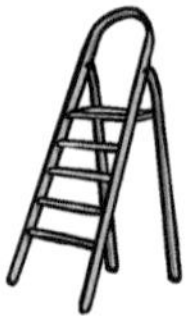

escalera portátil

la escalera de mano

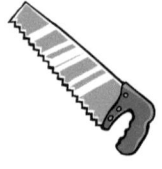

sierra

la sierra

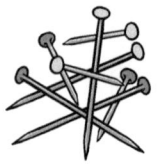

clavos

los clavos

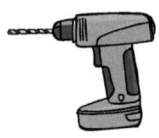

taladro

el taladro

arreglar

reparar

pala de jardín

la pala

¡Qué bronca!

¡Maldición!

pala de plástico

el recogedor

tacho de pintura

el bote de pintura

tornillos

los tornillos

instrumentos musicales
los instrumentos musicales

batería
la batería

parlante
el altavoz

guitarra
la guitarra

contrabajo
el contrabajo

trompeta
la trompeta

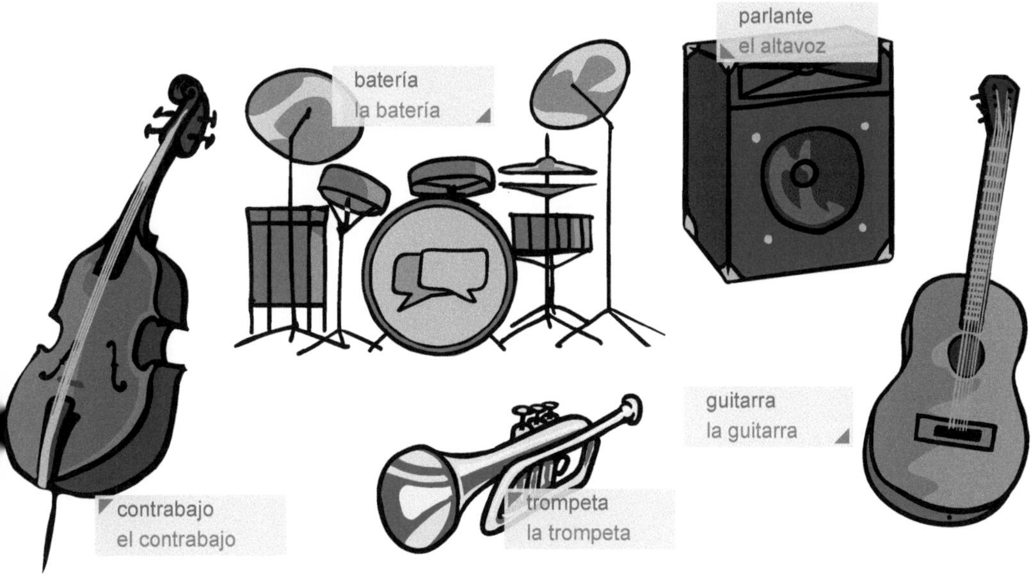

piano

el piano

violín

el violín

bajo

el bajo

timbales

los timbales

tambor

el tambor

teclado

el teclado

saxofón

el saxofón

flauta

la flauta

micrófono

el micrófono

el zoológico

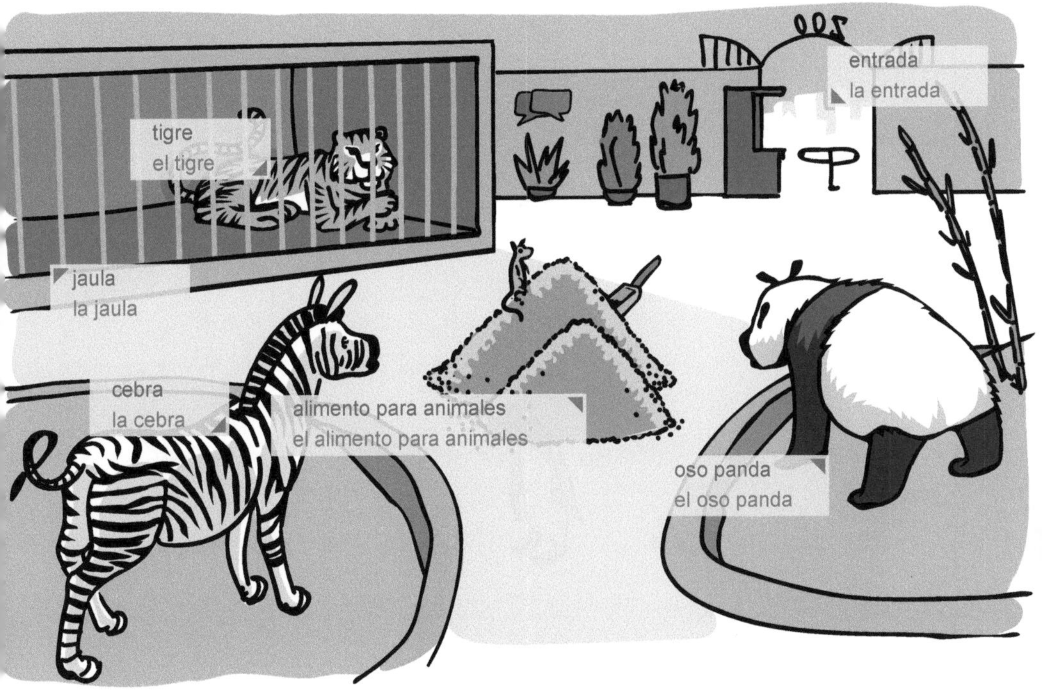

tigre
el tigre
entrada
la entrada
jaula
la jaula
cebra
la cebra
alimento para animales
el alimento para animales
oso panda
el oso panda

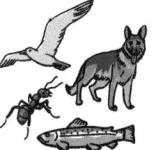

animales
los animales

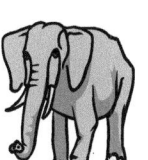

elefante
el elefante

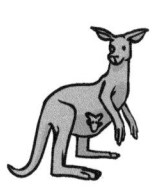

canguro
el canguro

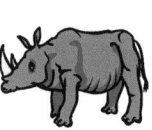

rinoceronte
el rinoceronte

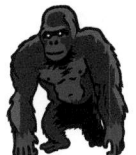

gorila
el gorila

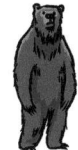

oso
el oso

camello

el camello

avestruz

el avestruz

león

el león

mono

el mono

flamenco

el flamenco

loro

el loro

oso polar

el oso polar

pingüino

el pingüino

tiburón

el tiburón

pavo real

el pavo real

serpiente

la serpiente

cocodrilo

el cocodrilo

cuidador del zoológico

el guardián de zoológico

foca

la foca

jaguar

el jaguar

poni

el poni

leopardo

el leopardo

hipopótamo

el hipopótamo

jirafa

la jirafa

águila

el águila

jabalí

el jabalí

pescado

el pescado

tortuga

la tortuga

morsa

la morsa

zorro

el zorro

gacela

la gacela

fútbol americano
el fútbol americano

ciclismo
el ciclismo

tenis
el tenis

básquet
el baloncesto

natación
la natación

hockey sobre hielo
el hockey sobre hielo

boxeo
el boxeo

fútbol
el fútbol

bádminton
el bádminton

atletismo
el atletismo

handball
el handball

esquí
el esquí

polo
el polo

actividades
las actividades

reír
reír
saltar
saltar
abrazar
abrazar
caminar
caminar
cantar
cantar
soñar
soñar
rezar
rezar
besar
besar

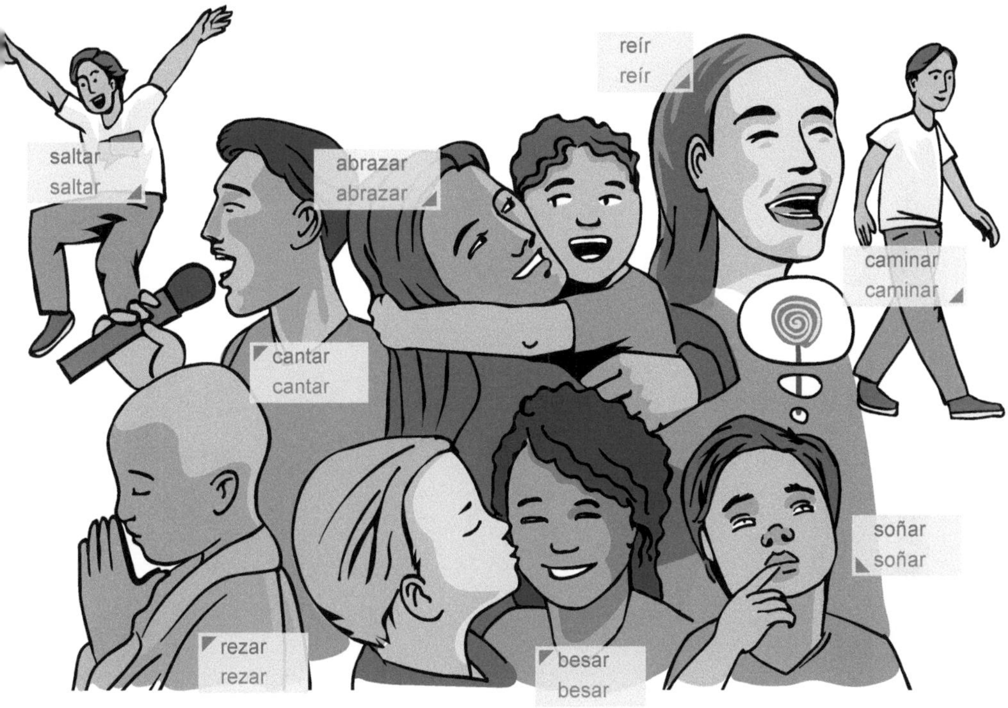

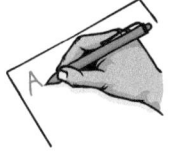

escribir

escribir

dibujar

dibujar

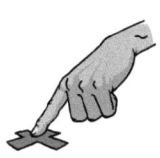

mostrar

mostrar

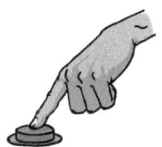

presionar

empujar

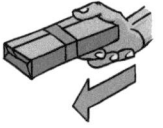

dar

dar

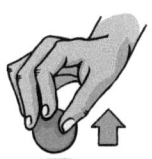

tomar

tomar

tener
tener

hacer
hacer

ser
ser

estar parado
estar parado

correr
correr

tirar
jalar

tirar
arrojar

caer
caer

estar acostado
estar acostado

esperar
esperar

llevar
llevar

estar sentado
estar sentado

vestirse
vestirse

dormir
dormir

despertar
despertar

mirar

mirar

llorar

llorar

acariciar

acariciar

peinar

peinar

hablar

hablar

entender

entender

preguntar

preguntar

escuchar

escuchar

beber

beber

comer

comer

ordenar

ordenar

amar

amar

cocinar

cocinar

manejar

conducir

volar

volar

navegar

navegar

calcular

calcular

leer

leer

aprender

aprender

trabajar

trabajar

casarse

casarse

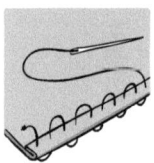

coser

coser

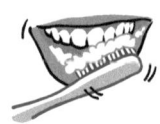

cepillarse los dientes

cepillarse los dientes

matar

matar

fumar

fumar

enviar

enviar

actividades - las actividades

familia
la familia

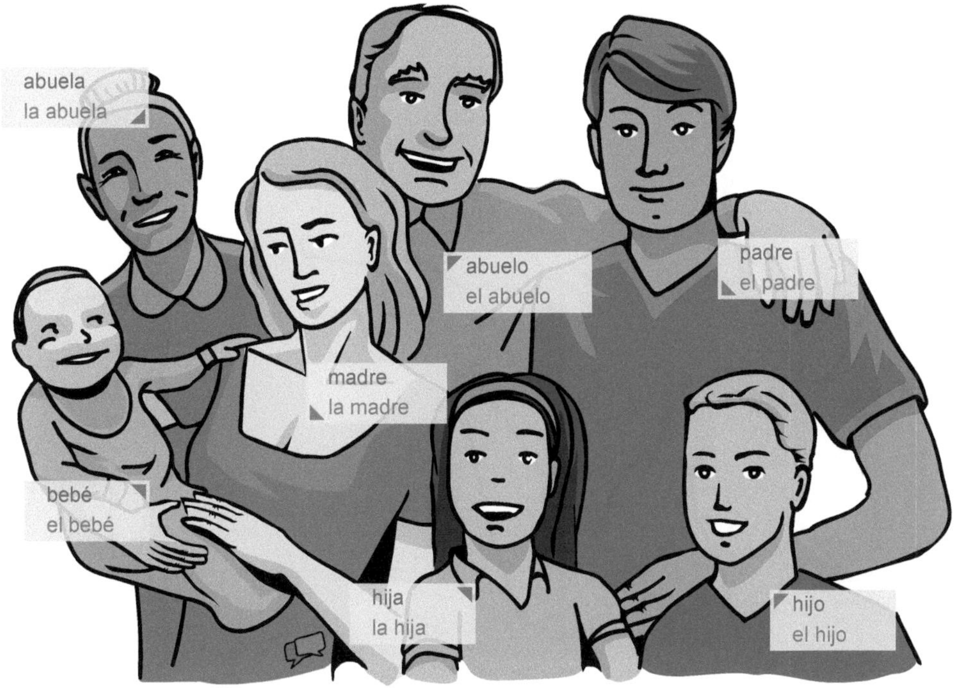
abuela
la abuela
abuelo
el abuelo
padre
el padre
madre
la madre
bebé
el bebé
hija
la hija
hijo
el hijo

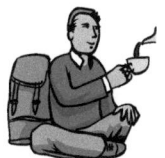

invitado

el invitado

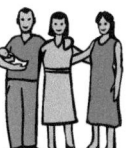

tía

la tía

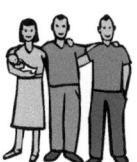

tío

el tío

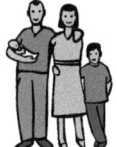

hermano

el hermano

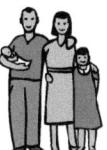

hermana

la hermana

cuerpo
el cuerpo

frente
la frente
ojo
el ojo
hombro
el hombro
dedo
el dedo
cara
la cara
pera
la barbilla
mano
la mano
pierna
la pierna
pecho
el pecho
brazo
el brazo

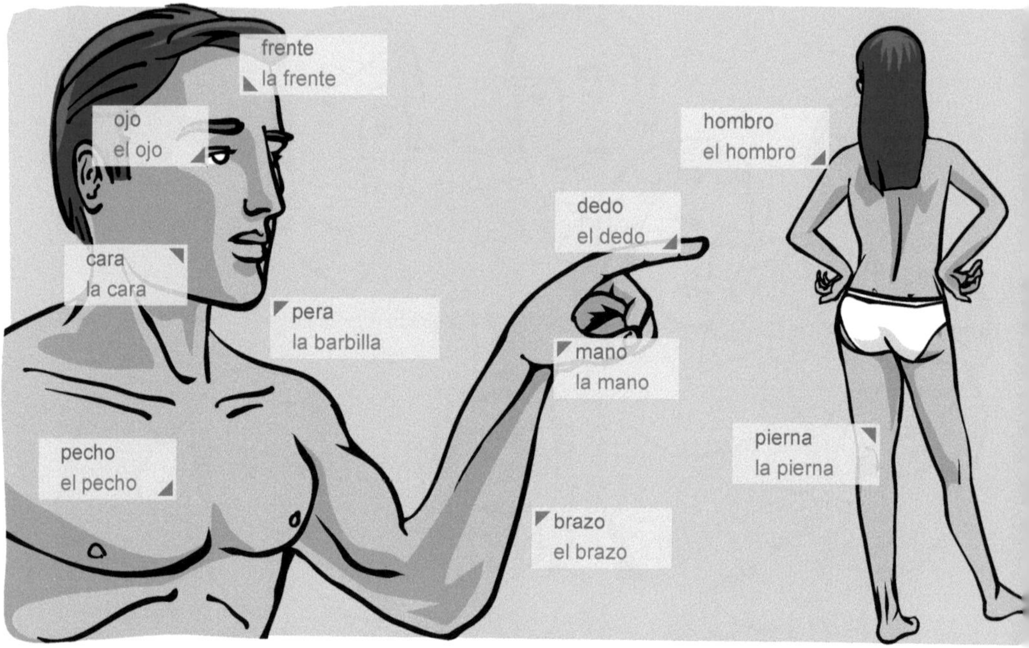

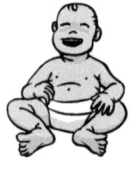

bebé

el bebé

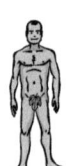

hombre

el hombre

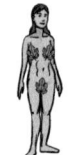

mujer

la mujer

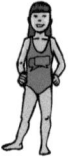

nena

la niña

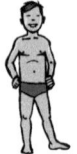

nene

el niño

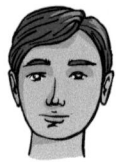

cabeza

la cabeza

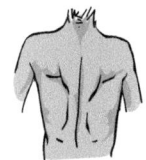

espalda

la espalda

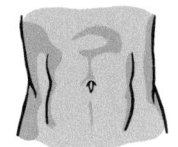

panza

la barriga

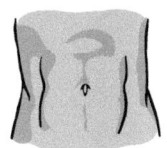

ombligo

el ombligo

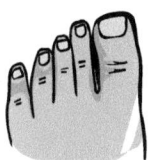

dedo del pie

el dedo del pie

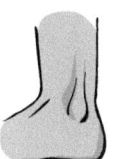

talón

el talón

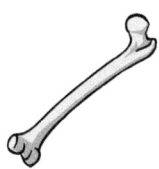

hueso

el hueso

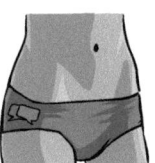

cadera

la cadera

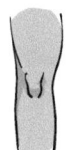

rodilla

la rodilla

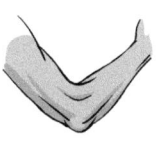

codo

el codo

nariz

la nariz

cola

las pompis

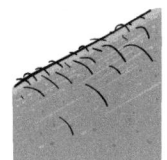

piel

la piel

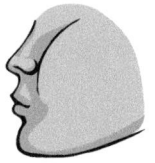

cachete

la mejilla

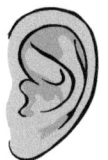

oreja

el oído

labio

el labio

boca

la boca

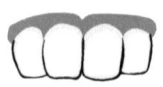

diente

el diente

lengua

la lengua

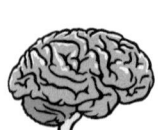

cerebro

el cerebro

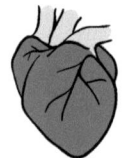

corazón

el corazón

músculo

el músculo

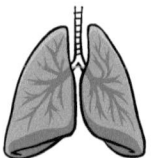

pulmón

el pulmón

hígado

el hígado

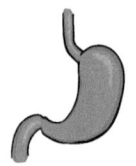

estómago

el estómago

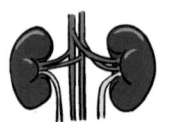

riñones

los riñones

sexo

el sexo

preservativo

el condón

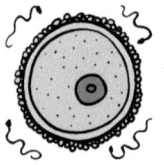

óvulo

el óvulo

semen

el semen

embarazo

el embarazo

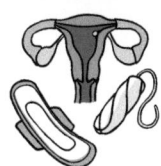

menstruación
....
la menstruación

vagina
....
la vagina

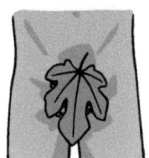

pene
....
el pene

ceja
....
la ceja

pelo
....
el cabello

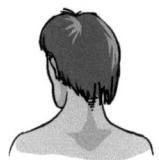

cuello
....
el cuello

hospital
el hospital

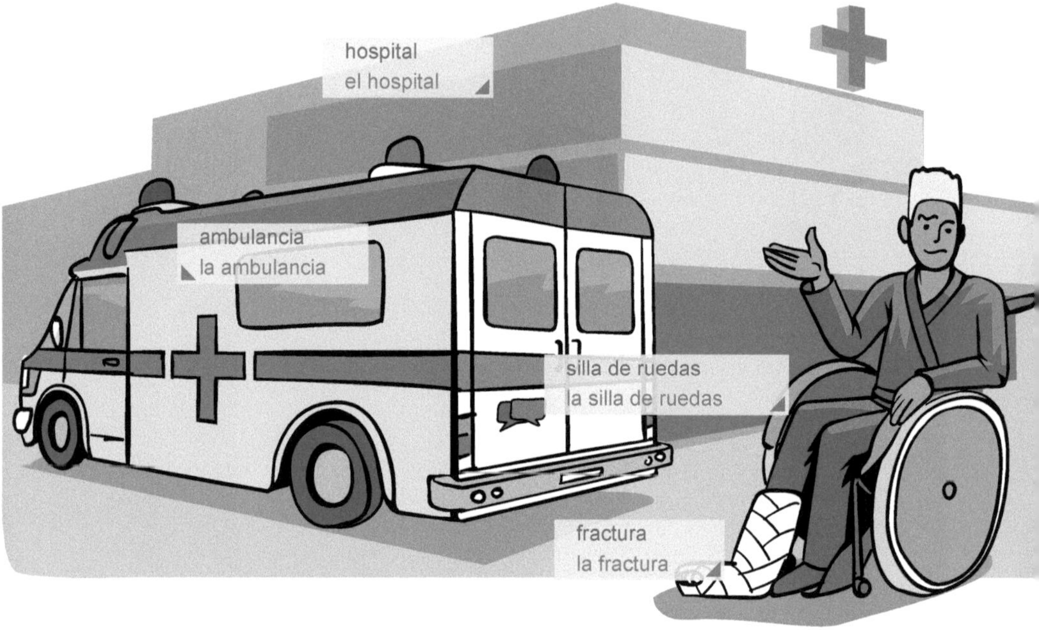

hospital
el hospital
ambulancia
la ambulancia
silla de ruedas
la silla de ruedas
fractura
la fractura

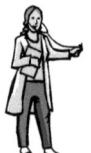

médico
el médico

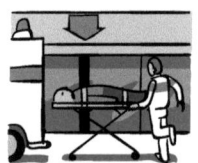

sala de guardia
la sala de emergencias

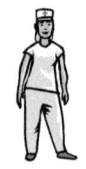

enfermera
la enfermera

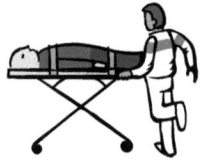

emergencia
la emergencia

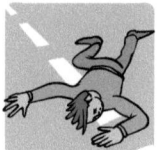

inconsciente
inconsciente

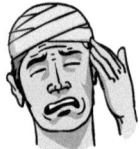

dolor
el dolor

lesión

la lesión

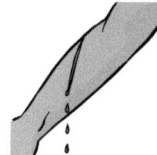

hemorragia

la hemorragia

infarto

el infarto

ACV

el accidente
cerebrovascular

alergia

la alergia

tos

la tos

fiebre

la fiebre

gripe

la gripa

diarrea

la diarrea

dolor de cabeza

el dolor de cabeza

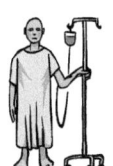

cáncer

el cáncer

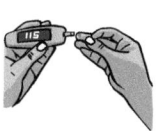

diabetes

la diabetes

cirujano

el cirujano

bisturí

el bisturí

operación

la operación

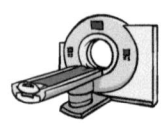

TC
....
TC

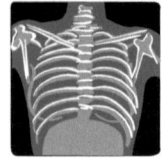

rayos x
....
los rayos x

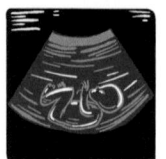

ecografía
....
el ultrasonido

barbijo
....
la mascarilla

enfermedad
....
la enfermedad

sala de espera
....
la sala de espera

muleta
....
la muleta

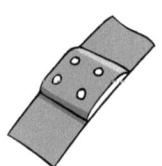

curita
....
la vendita

venda
....
el vendaje

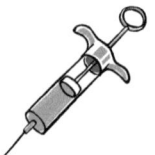

inyección
....
la inyección

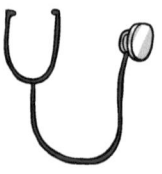

estetoscopio
....
el estetoscopio

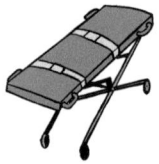

camilla
....
la camilla

termómetro
....
el termómetro

nacimiento
....
el nacimiento

sobrepeso
....
el sobrepeso

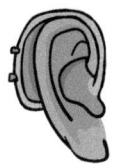

audífono
el audífono

desinfectante
el desinfectante

infección
la infección

virus
el virus

VIH / SIDA
VIH / SIDA

remedio
la medicina

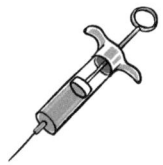

vacunación
la vacunación

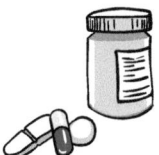

comprimidos
las tabletas

pastilla anticonceptiva
la pastilla anticonceptiva

llamada de emergencia
la llamada de emergencia

tensiómetro
el medidor de presión

enfermo / sano
enfermo / sano

¡Ayuda!

¡Socorro!

alarma

la alarma

agresión

la agresión

ataque

el ataque

peligro

el peligro

salida de emergencia

la salida de emergencia

¡Fuego!

¡Fuego!

matafuego

el extintor de incendios

accidente

el accidente

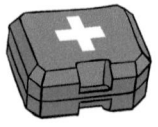

botiquín de primeros auxilios

el botiquín de primeros auxilios

SOS

SOS

policía

la policía

Europa

Europa

América del Norte

Norteamérica

América del Sur

Sudamérica

África

África

Asia

Asia

Australia

Australia

Atlántico

el Atlántico

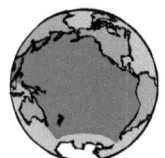

Pacífico

el Pacífico

Océano Índico

el Océano Índico

Océano Antártico

el Océano Antártico

Océano Ártico

el Océano Ártico

polo norte

el polo norte

polo sur

el polo sur

Antártida

la Antártida

Tierra

la tierra

tierra

la tierra

mar

el mar

isla

la isla

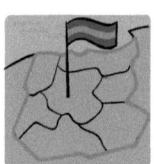

nación

la nación

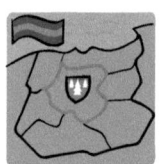

estado

el estado

esfera

la esfera

manecilla de las horas

la manecilla de las horas

minutero

el minutero

segundero

el segundero

¿Qué hora es?

¿Qué hora es?

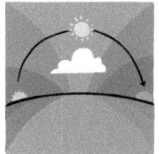

día

el día

hora

la hora

ahora

ahora

reloj digital

el reloj digital

minuto

el minuto

hora

la hora

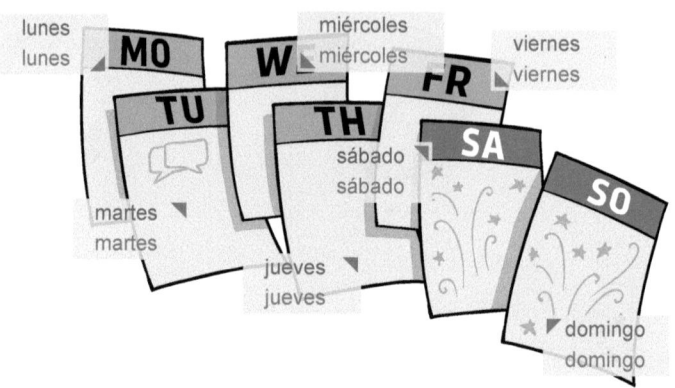

lunes
lunes

miércoles
miércoles

viernes
viernes

martes
martes

jueves
jueves

sábado
sábado

domingo
domingo

ayer

ayer

hoy

hoy

mañana

mañana

mañana

la mañana

mediodía

el mediodía

tarde

la tarde

días hábiles

los días laborables

fin de semana

el fin de semana

año

el año

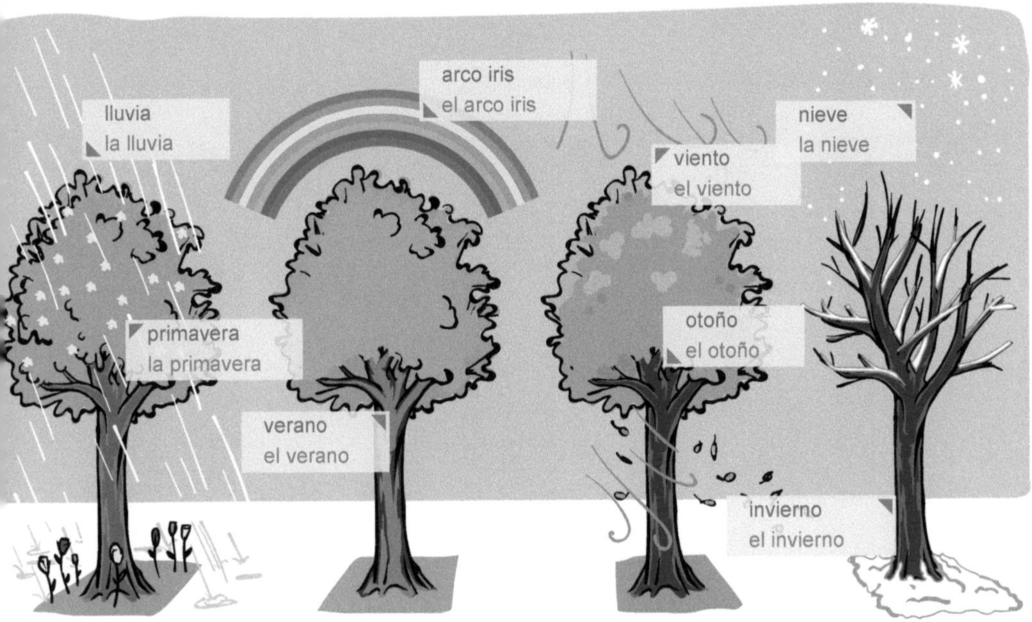

lluvia
la lluvia
arco iris
el arco iris
nieve
la nieve
viento
el viento
primavera
la primavera
otoño
el otoño
verano
el verano
invierno
el invierno

4.APRIL 11°
5.APRIL 4°
6.APRIL 13°
7.APRIL 8°
8.APRIL 10°

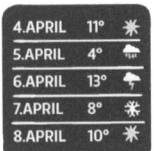

pronóstico meteorológico

el pronóstico del tiempo

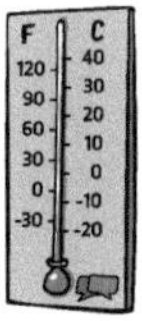

F C
120 40
90 30
60 20
30 10
0 0
-30 -10
-20

termómetro

el termómetro

luz del sol

el sol

nube

la nube

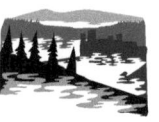

niebla

la niebla

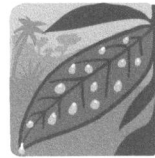

humedad

la humedad

rayo

el rayo

trueno

el trueno

tormenta

la tormenta

granizo

el granizo

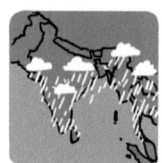

monzón

el monzón

inundación

la inundación

hielo

el hielo

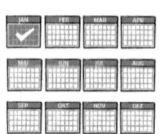

enero

enero

febrero

febrero

marzo

marzo

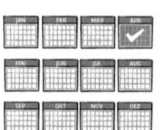

abril

abril

mayo

mayo

junio

junio

julio

julio

agosto

agosto

año - el año

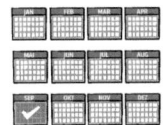

septiembre
....
septiembre

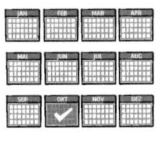

octubre
....
octubre

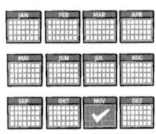

noviembre
....
noviembre

diciembre
....
diciembre

formas

las formas

círculo
....
el círculo

cuadrado
....
el cuadrado

rectángulo
....
el rectángulo

triángulo
....
el triángulo

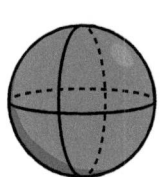

esfera
....
la esfera

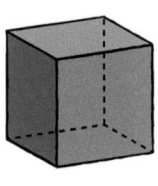

cubo
....
el cubo

blanco

blanco

amarillo

amarillo

naranja

naranja

rosa

rosa

rojo

rojo

violeta

morado

azul

azul

verde

verde

marrón

marrón

gris

gris

negro

negro

mucho / poco

mucho / poco

enojado / tranquilo

enojado / tranquilo

lindo / feo

bonito / feo

principio / fin

principio / fin

grande / chico

grande / pequeño

claro / oscuro

claro / oscuro

hermano / hermana

el hermano / la hermana

limpio / sucio

limpio / sucio

completo / incompleto

completo / incompleto

día / noche

el día / la noche

muerto / vivo

muerto / vivo

ancho / angosto

ancho / angosto

comestible / no comestible

comestible / no comestible

malo / amable

malo / amable

entusiasmado / aburrido

entusiasmado / aburrido

gordo / flaco

gordo / delgado

primero / último

primero / último

amigo / enemigo

el amigo / el enemigo

lleno / vacío

lleno / vacío

duro / blando

duro / blando

pesado / liviano

pesado / ligero

hambre / sed

el hambre / la sed

enfermo / sano

enfermo / sano

ilegal / legal

ilegal / legal

inteligente / estúpido

inteligente / tonto

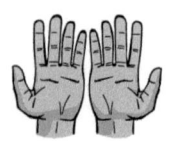

izquierda / derecha

izquierda / derecha

cerca / lejos

cerca / lejos

nuevo / usado

nuevo / usado

nada / algo

nada / algo

viejo / joven

viejo / joven

encendido / apagado

encendido / apagado

abierto / cerrado

abierto / cerrado

silencioso / ruidoso

silencioso / ruidoso

rico / pobre

rico / pobre

correcto / incorrecto

correcto / incorrecto

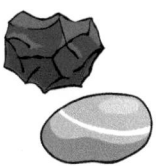

áspero / suave

áspero / suave

triste / contento

triste / contento

corto / largo

corto / largo

lento / rápido

lento / rápido

mojado / seco

húmedo / seco

caliente / frío

caliente / frío

guerra / paz

guerra / paz

0

cero

cero

1

uno

uno

2

dos

dos

3

tres

tres

4

cuatro

cuatro

5

cinco

cinco

6

seis

seis

7

siete

siete

8

ocho

ocho

9

nueve

nueve

10

diez

diez

11

once

once

12

doce

doce

13

trece

trece

14

catorce

catorce

15

quince

quince

16

dieciséis

dieciséis

17

diecisiete

diecisiete

18

dieciocho

dieciocho

19

diecinueve

diecinueve

20

veinte

veinte

100

cien

cien

1.000

mil

mil

1.000.000

millón

el millón

inglés

el inglés

inglés americano

el inglés americano

chino mandarín

el chino mandarín

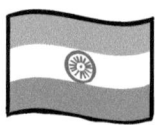

hindi

el hindi

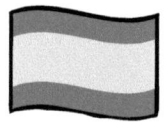

español

el español

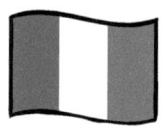

francés

el francés

árabe

el árabe

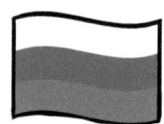

ruso

el ruso

portugués

el portugués

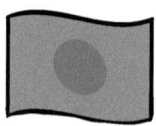

bengalí

el bengalí

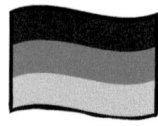

alemán

el alemán

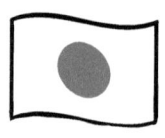

japonés

el japonés

yo

yo

vos

tú

él / ella

él / ella

nosotros

nosotros

ustedes

vosotros

ellos

ellos

¿quién?

¿quién?

¿qué?

¿qué?

¿cómo?

¿cómo?

¿dónde?

¿dónde?

¿cuándo?

¿cuándo?

nombre

el nombre

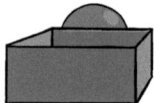

detrás

detrás

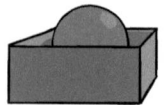

en

en

adelante de

delante de

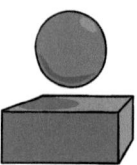

por encima de

por encima de

sobre

sobre

debajo de

debajo de

al lado de

junto a

entre

entre

lugar

el lugar